AF525780

Märchenschatz für Kinder
DEUTSCHE WEIHNACHTSMÄRCHEN
Deutsche Version des Gedichtes von Lewis Carroll von Henry-Martin Klemt
Illustriert von Lea Höhn
Mehrere Motive basieren auf den Materialien von Freepik.com

Lektorat & Korrektorat: Hannah Koinig
Satz & Layout: Marianna Korsh

ISBN 978-3-96372-084-0
Gedruckt in der EU

Auch als Hörbuch erhältlich!

www.wunderhaus-verlag.de

Barmherzige Weihnachten

Märchen aus aller Welt

Mit Zeichnungen von
Lea Höhn

Wunderhaus

LUISE BÜCHNER

Die Geschichte vom Tannenbäumchen

„Tante Luise", sagte am andern Abend Mathildchen, „was erzählst du uns denn heute für eine Geschichte? Weißt du denn noch etwas?"

„Ja freilich weiß ich noch etwas, hört mir nur zu!"

„Ach, Tante", sagte das Mathildchen wieder, „es dauert doch gar zu lange bis das Christkind kommt, ich kann es kaum noch aushalten und werde ganz ungeduldig."

„Ungeduldig? Das musst du bleiben lassen. Höre nur wie geduldig das Tannenbäumchen war und wie es still wartete, bis seine Zeit kam, denn die Geschichte, die ich heute erzähle, spielt in unserem Garten!"

Die Kinder stützten ihre kleinen Ellenbogen auf Tantes Knie und sie begann:

„Es war einmal ein schöner großer Garten, in dem standen eine Menge Bäume, welche die herrlichsten Früchte trugen. Auf dem einen wuchsen Kirschen, auf dem andern Birnen, auf dem dritten Äpfel und so fort, aber bei allen gab es etwas zu naschen vom Frühjahr bis zum Herbst und die Kinder, die in dem Garten wohnten, hatten die Bäume sehr lieb.

Nun war es wieder einmal Frühling und der Garten stand da in seinem schönsten Schmucke. Die Kirschbäume sahen aus, als wären sie mit Zucker bestreut, die Pfirsiche hatten rosenrote Blüten wie der Abendhimmel und die Apfelbäume waren mit weißen Röslein ganz überschüttet.

Da war kein Strauch und kein Bäumchen auch noch so klein, welches nicht eine Blütenflocke oder ein lichtes, saftgrünes

Blättchen aufzuweisen hatte und wenn dann die liebe Sonne so darauf schien, war der Garten gar lieblich anzusehen. Aber mitten in all der Pracht stand ein kleiner Baum, für den schien kein Frühling gekommen zu sein, denn starr und dunkelgrün streckten seine Nadeln sich hinaus und auch nicht die kleinste weiße oder rote Blüte war daran aufzufinden.

Das Bäumchen aber war trotz seiner Armut ganz zufrieden, beklagte sich nicht, und kam manchmal im Vorüberfliegen ein Vöglein seinem Wipfel nahe und ruhte sich darauf aus, so freute es sich wie die andern Bäume an dessen Gezwitscher und dachte nicht daran, wie unscheinbar es neben ihnen aussah.

Aber das ärgerte die schöngeputzten Bäume und ein hochmütiger Kirschbaum fing auf einmal an und sprach:

„Es ist ein rechtes Glück, wenn man hübsch aussieht und auch zu etwas gut ist in der Welt! Was habe ich jetzt für feine, weiße Blüten und wenn diese abgefallen sind, dann kommen die frischen, grünen Blätter und zuletzt die prächtigen, roten Kirschen, an denen die kleinen und großen Leute ihr Vergnügen haben. Ach, wie froh bin ich, dass ich nicht so ein einfältiger Tannenbaum geworden bin, wie derjenige hier neben mir, der doch zu nichts auf der Welt gut ist, als um uns den Platz zu versperren!"

„Du hast recht", rief ein stattlicher Birnbaum. „Dein Nachbar ist mehr als überflüssig im Vergleich zu uns. Von meinen saftigen Birnen will ich noch gar nicht reden, aber welchen prächtigen Schatten gebe ich in der Hitze den lieben Kindern, die sich auf der Bank unter meinem Blätterdache ausruhen. Nicht einmal vor der Sonne vermag der einfältige Tannenbaum zu schützen."

„Ja, ja“, fing nun ein dicker Apfelbaum an, „mit uns kann sich der arme Tropf freilich nicht messen. Was mich aber am meisten verdrießt, ist, dass man die langen Zapfen, welche der Herbstwind von ihm herunterschüttelt und die weder für Mensch, noch Tier genießbar sind, Tannäpfel nennt, als ob sie auch nur die entfernteste Ähnlichkeit mit meinen schmackhaften Früchten hätten. Es ist wirklich zu arg!“

Dabei schüttelte der alte Herr sein Haupt so gewaltig, dass dicke Blütenflocken zur Erde fielen und einzelne an den Nadeln des armen Tannenbäumchens hängen blieben.

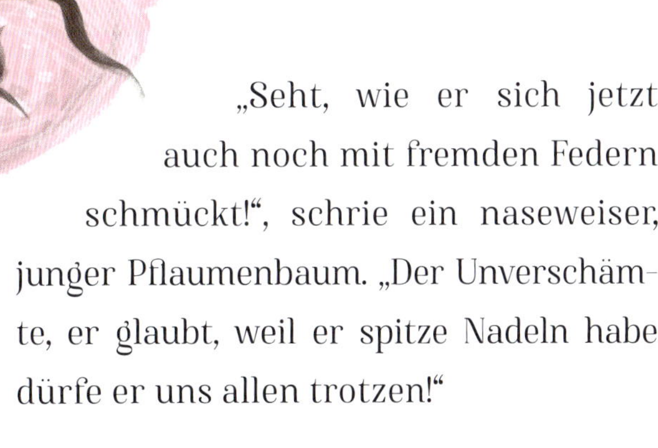

„Seht, wie er sich jetzt auch noch mit fremden Federn schmückt!“, schrie ein naseweiser, junger Pflaumenbaum. „Der Unverschämte, er glaubt, weil er spitze Nadeln habe dürfe er uns allen trotzen!“

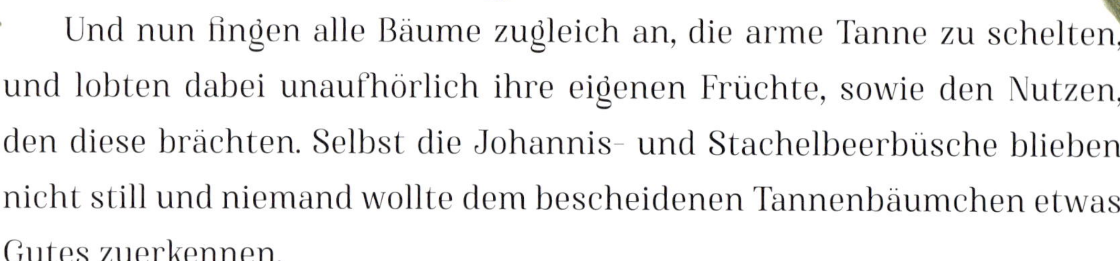

Und nun fingen alle Bäume zugleich an, die arme Tanne zu schelten, und lobten dabei unaufhörlich ihre eigenen Früchte, sowie den Nutzen, den diese brächten. Selbst die Johannis- und Stachelbeerbüsche blieben nicht still und niemand wollte dem bescheidenen Tannenbäumchen etwas Gutes zuerkennen.

Drüben über dem Bach war ein Wald voll schöner Buchen und Eichen; auch diese fingen an mitzuspotten und sich hervorzutun. Eine dicke Buche überschrie zuletzt alle und rief:

„Wenn wir auch keine so süßen Früchte tragen, wie der liebe Kirschbaum und der vortreffliche Apfelbaum, so sind wir doch gleichfalls von dem allergrößten Nutzen. Im Sommer geben wir kühlen, prächtigen Schatten und im Winter heizen wir die Zimmer ein, wenn es draußen stürmt und schneit, denn wir haben gutes, festes Holz, aber selbst das Holz der hässlichen Tanne ist elendes Zeug, macht schwarz und rußig und gibt keine Wärme. Nebenbei sind unsre kleinen Früchte auch gar nicht zu verachten; die Buchecker glänzen zwar äußerlich nicht durch ihre Schönheit, aber man presst gutes, fettes Öl daraus, in dem man Pfannkuchen und Kräppeln backen kann, die sehr gut zu den gekochten Kirschen und Pflaumen schmecken!“

„Nun, bist du bald fertig?“, fing eine Eiche neben ihr an. „Du tust, als ob du der erste Baum im Walde wärest. Lass mich reden. Ich bin die deutsche Eiche und ein poetischer Baum. Wo es irgendein Fest gibt, macht man aus meinen Blättern Kränze, ich komme in Millionen Gedichten vor und mein Laub wird überall hingestickt, in Gold, Seide und Perlen. Was nun den Nutzen betrifft, so ist der meinige ohne Widerrede der bedeutendste. Mit meinen Eicheln mästet man Schweine und es gibt genug kluge Leute, die lieber ein gutes Stück Schweinebraten essen, als Kirschen und Birnen und wie all das süße, kraftlose Zeug heißt, mit dem ihr so gewaltig groß tut!“

Nachdem die Eiche dies gesprochen hatte, fächelte sie sich mit ihren Zweigen zu, hob stolz den Wipfel empor und sah sich um, als wolle sie fragen: „Wagt es noch Jemand etwas zu sagen?“

Wahrhaftig, die deutsche Eiche hatte mehr Mut, als gewöhnlich ein deutscher Mensch. Die anderen Bäume blieben auch ganz still und keiner muckte, bis endlich eine schlanke, grüne Linde sich zu regen begann und leise säuselte:

„Ei, ei, ihr lieben Freunde! Am Ende bin ich doch noch die Wichtigste von euch allen, wenn meine Blüten auch sehr klein und unscheinbar und fast nur durch ihren süßen Duft bemerkbar sind. Aber man bereitet guten, lindernden Tee daraus, und haben die kleinen Leute zu viel von dem guten Obst gegessen und davon Bauchweh bekommen und sind die großen zu lange unter den Buchen und Eichen herumgeschwärmt, sodass sie sich den Schnupfen geholt haben, dann muss sie dieser gesund machen, damit sie wieder von vorn anfangen können.“

Als die kluge Linde schwieg, nickten die anderen Bäume und lachten, denn sie alle mochten die schöne Linde, nur die Eiche brummte etwas in sich hinein von „dumm und albern!“, aber sonst blieb alles ruhig.

Das arme Tannenbäumchen hatte die ganze Zeit über zitternd und schweigend dagestanden, doch nun versuchte es die allgemeine Stille zu benutzen, um auch ein Wörtchen der Verteidigung zu sagen. Ganz leise und schüchtern fing es an:

„Ach, ihr lieben Bäume, ich weiß wohl, dass ihr mich als den Schlechtesten von euch allen betrachtet, aber so ganz nutzlos und überflüssig bin ich doch auch nicht, wenn ich auch weniger schön geschmückt bin, als ihr. Aus meinem Holze kann man Häuser und Schiffe bauen und mit den Tannenzapfen machen die Leute ihr Feuer an, auch – "

„Ha! ha! ha!", schallt es da aus allen Ecken und Enden, „ha, ha, ha! Hört doch das dumme Ding! Wenn es nur lieber ganz geschwiegen hätte. Mit Hobelspänen kann man Feuer machen, als ob das ein Verdienst wäre. Ha, ha, ha!"

Und die Bäume bogen und neigten sich und wollten sich bald tot lachen und der dicke Apfelbaum verlor noch manche weiße Blüte in seiner großen Lustigkeit.

Endlich ging die Sonne unter. Die Vögel suchten ihr grünes Quartier auf und wollten ihre Ruhe haben, so wurden die Schwätzer dann stiller und stiller und als der goldne Mond langsam herauf stieg, lag alles im tiefsten Frieden.

Nur ein Baum konnte nicht ruhen und schlafen, das war das Tannenbäumchen. Es war so betrübt, dass es gern bittere Tränen vergossen hätte, wenn es ein Mensch und kein Baum gewesen wäre. Ach, es konnte sich gar nicht zufriedengeben und wünschte sich auch weiche, flatternde Blätter und süße Früchte, damit es niemand mehr verspotten dürfte. Wie es nun so dastand in seiner Betrübnis, da ward es auf einmal vor ihm ganz helle und licht und wie aus der Erde gewachsen, schwebte auf dem grünen Rasen ein wunderschöner Engel.

Der hatte ein langes, schneeweißes Gewand, weiße Flügel an den Schultern, auf dem Kopf trug er einen Kranz von den schönsten Rosen und darüber hing ein langer Schleier, der glänzte wie gesponnenes Silber.

Na, könnt ihr euch wohl denken, wer der schöne Engel gewesen? Natürlich war es niemand sonst, als unser liebes Christkind, welches alles mit angehört und angesehen, wie es auch immer sieht, ob ein Kind lieb oder unartig ist. Das arme bescheidne Tannenbäumchen tat ihm in tiefster Seele leid und darum kam es jetzt zu ihm geflogen und sagte mit seiner sanften Stimme:

„Tannenbäumchen, was fehlt dir denn?"

Aber dass Bäumchen konnte nicht antworten, es war zu betrübt und auch zu erschreckt von dem hellen Glanz und Christkindchens Anblick. Es schüttelte nur leise den Wipfel, da fuhr Christkindchen fort:

„Tannenbäumchen, ich weiß recht gut, was dir fehlt. Die bösen Bäume hier haben dich ausgelacht, weil du nicht so schön bist wie sie. Aber warte nur, bald sollst du schöner sein als sie alle.

Wenn der Winter kommt und Schnee und Eis auf der Erde liegt und all die Bäume hier kahl und entlaubt stehen, dann sollst du süßere und buntere Früchte tragen als Kirschen, Birnen und Äpfel und die Kinder werden sich mehr über dich freuen und dich lieber haben, als alle andern Bäume auf der Welt!"

Nachdem das Christkind dies gesagt hatte, war es gerade so schnell wieder verschwunden, wie es gekommen war. Nur der liebe alte Mond warf noch goldne Strahlen auf die stille Welt.

So vergingen Sommer und Herbst, die Bäume hatten nach und nach all ihre Früchte hergegeben und der Winter kam mit raschen Schritten heran. Wohl hatten sie noch manchmal das Tannenbäumchen ausgespottet, aber es machte sich nichts mehr daraus und dachte immer nur an das, was das Christkind ihm versprochen hatte. Bald war an dem Apfel- und Birnbaum kein Blättchen mehr zu sehen, die Eichen und Buchen streckten ihre nackten Arme zum Himmel empor und froren erbärmlich, aber es half nichts - es war eben Winter und sie mussten sich von dem kalten Nordwind nach allen Seiten hin und her zausen lassen. Unser Tannenbäumchen hielt sich wacker, es blieb so grün und frisch wie im Sommer und wartete geduldig, bis seine Zeit käme.

Auf einmal, in einer langen, dunklen Nacht, da ward es wieder ganz hell und licht und der schöne Engel stand wieder neben dem Bäumchen und sagte: „Ich bin da, um mein Wort zu halten. Nun sieh, was gleich passiert!"

Neben dem Christkind im Schatten stand der Nikolaus und hielt seinen großen Sack mit beiden Händen auseinander und das Christkind griff hinein und wieder hinein und überschüttete das Bäumchen mit goldenen Nüssen und Äpfeln, mit köstlichem Zuckerwerk, mit Rosinen und Mandeln, mit funkelnden Perlen und silbernen Sternen, so dass es schöner und bunter glänzte und prangte, als je ein Baum zuvor.

Dann steckte der Nikolaus brennende Kerzchen an die Zweige der Tanne, da leuchtete sie fast so hell wie die Sternlein an dem dunklen Nachthimmel über ihnen. Wie nun alles fertig war, klingelte das Christkind laut und lange mit seiner silbernen Schelle, dass alle Bäume und Sträucher rings umher aufwachten, sich verwundert umsahen und nicht wussten, woher auf einmal all der Glanz und die Pracht kam.

„Seht hierher, ihr Necker und Spötter!“, rief nun das Christkind mit lauter Stimme, „der herrlich geschmückte Baum vor euch, das ist das Tannenbäumchen, welches ihr ausgespottet und gekränkt habt und das nun schöner ist, als je einer von euch gewesen ist. Jetzt nehme ich es mit mir, wohin ihr niemals kommt, in warme, geschmückte, helle Stuben und zu fröhlichen Menschen. Alt und Jung wird sich an seinem Anblick erfreuen und die Kinder werden es am liebsten von allen Bäumen haben!“

Damit nahm das Christkind das Bäumchen in die Hand, breitete seine Flügel aus und fort war es, ehe sich die erstaunten Bäume ein wenig von ihrer Verwunderung erholen konnten. Ganz verdutzt blickten sie dem hellen Streifen nach, bis er im Dunkel entschwand und nickten dann verdrossen und kopfschüttelnd wieder ein.

Wohin aber das Christkind das Tannenbäumchen trug, das brauche ich euch nicht zu sagen, das wissen alle artigen Kinder, die zu Weihnachten eines von ihm bekommen. Nun esst ihr zwar gern frische Kirschen und süße Birnen, gebratene Äpfel und Pflaumenmus, wenn ich euch aber jetzt frage, welcher Baum ist euch der liebste von allen, was werdet ihr sagen?“

Da riefen Georg und Mathildchen jubelnd und wie aus einem Munde und alle Kinder rufen es mit ihnen:

„Das Tannenbäumchen!

Das Tannenbäumchen!“

BRÜDER GRIMM

MARIENKIND

Vor einem großen Walde lebte ein Holzhacker mit seiner Frau, der hatte nur ein einziges Kind, das war ein Mädchen von drei Jahren. Sie waren aber so arm, dass sie nicht mehr das tägliche Brot hatten und nicht wussten, was sie ihm zu essen geben sollten.

Eines Morgens ging der Holzhacker voller Sorgen hinaus in den Wald an seine Arbeit, und wie er da Holz hackte, stand auf einmal eine schöne große Frau vor ihm, die hatte eine Krone von leuchtenden Sternen auf dem Haupt und sprach zu ihm: „Ich bin die Jungfrau Maria, die Mutter des Christkindleins: Du bist arm und dürftig, bring mir dein Kind, ich will es mit mir nehmen, seine Mutter sein und für es sorgen."

Der Holzhacker gehorchte, holte sein Kind und übergab es der Jungfrau Maria, die nahm es mit sich hinauf in den Himmel. Da ging es ihm wohl, es aß Zuckerbrot und trank süße Milch, und seine Kleider waren von Gold, und die Englein spielten mit ihm.

Als es nun vierzehn Jahr alt geworden war, rief es einmal die Jungfrau Maria zu sich und sprach:

„Liebes Kind, ich habe eine große Reise vor, da nimm die Schlüssel zu den dreizehn Türen des Himmelreichs in Verwahrung: Zwölf davon darfst du aufschließen und die Herrlichkeiten darin betrachten, aber die dreizehnte, wozu dieser kleine Schlüssel gehört, die ist dir verboten: Hüte dich, dass du sie nicht aufschließest, sonst wirst du unglücklich."

Das Mädchen versprach, gehorsam zu sein. Als nun die Jungfrau Maria weg war, begann es, sich die Wohnungen des Himmelreichs zu besehen: Jeden Tag schloss es eine auf, bis die zwölfe herum waren. In jeder aber saß ein Apostel, und war von großem Glanz umgeben, und es freute sich über all die Pracht und Herrlichkeit, und die Englein, die es immer begleiteten, freuten sich mit ihm. Nun war nur noch die verbotene Tür übrig, da empfand das Mädchen eine große Lust zu wissen, was dahinter verborgen wäre, und sprach zu den Englein:

„Ganz aufmachen will ich sie nicht und will auch nicht hineingehen, aber ich will sie aufschließen, damit wir ein wenig durch den Ritz sehen."

„Ach nein", sagten die Englein, „das wäre Sünde: Die Jungfrau Maria hats verboten, und es könnte leicht dein Unglück werden."

Da schwieg es still, aber die Begierde in seinem Herzen schwieg nicht still, sondern nagte und pickte ordentlich daran und ließ ihm keine Ruhe. Und als die Englein einmal alle hinausgegangen waren, dachte das Mädchen: ‚Nun bin ich ganz allein und könnte hineingucken, es weiß es ja niemand, wenn ich's tue.'

Es suchte den Schlüssel heraus, und als es ihn in der Hand hielt, steckte es ihn auch in das Schloss, und als es ihn hineingesteckt hatte, drehte es ihn auch um. Da sprang die Türe auf, und das Mädchen sah da die Dreieinigkeit im Feuer und Glanz sitzen. Es blieb ein Weilchen stehen und betrachtete alles mit Erstaunen, dann rührte es ein wenig mit dem Finger an den Glanz, da ward der Finger ganz golden. Alsbald empfand es eine gewaltige Angst, schlug die Türe heftig zu und lief fort. Die Angst wollte auch nicht wieder weichen, es mochte anfangen, was es wollte, und das Herz klopfte in einem fort und wollte nicht ruhig werden: Auch das Gold blieb an dem Finger und ging nicht ab, es mochte waschen und reiben, soviel es wollte.

Es dauerte nicht lange, da kam die Jungfrau Maria von ihrer Reise zurück. Sie rief das Mädchen zu sich und nahm ihm die Himmelsschlüssel wieder ab. Als es den Bund hinreichte, blickte ihm die Jungfrau in die Augen und sprach:

„Hast du auch nicht die dreizehnte Tür geöffnet?"

„Nein", antwortete es. Da legte sie ihre Hand auf sein Herz, fühlte, wie es klopfte und klopfte, und merkte wohl, dass es ihr Gebot übertreten und die Türe aufgeschlossen hatte. Da sprach sie noch einmal:

„Hast du es gewiss nicht getan?"

„Nein“, sagte das Mädchen zum zweiten Mal.

Da erblickte die Jungfrau Maria den Finger, der von der Berührung des himmlischen Feuers golden geworden war, sah wohl, dass es gesündigt hatte, und sprach zum dritten Mal: „Hast du es nicht getan?“

„Nein,“ sagte das Mädchen zum dritten Mal.

Da sprach die Jungfrau Maria: „Du hast mir nicht gehorcht, und hast noch dazu gelogen, du bist nicht mehr würdig, im Himmel zu sein.“

Da versank das Mädchen in einen tiefen Schlaf, und als es erwachte, lag es unten auf der Erde, mitten in einer Wildnis. Es wollte rufen, aber es konnte keinen Laut hervorbringen. Es sprang auf und wollte fortlaufen, aber wo es sich hinwendete, immer ward es von dichten Dornhecken zurückgehalten, die es nicht durchbrechen konnte.

In der Einöde, in welche es eingeschlossen war, stand ein alter hohler Baum, das musste seine Wohnung sein. Da kroch es hinein, wenn die Nacht kam, und schlief darin, und wenn es stürmte und regnete, fand es darin Schutz. Es war aber ein jämmerliches Leben, und wenn es daran dachte, wie es im Himmel so schön gewesen war, und die Engel mit ihm gespielt hatten, so weinte es bitterlich.

Wurzeln und Waldbeeren waren seine einzige Nahrung, die suchte es sich, so weit es kommen konnte. Im Herbst sammelte es die herabgefallenen Nüsse und Blätter und trug sie in die Höhle, die Nüsse waren im Winter seine Speise, und wenn Schnee und Eis kam, so kroch es wie ein armes Tierchen in die Blätter, dass es nicht fror. Nicht lange, so zerrissen seine Kleider und fielen ein Stück nach dem andern vom Leibe herab. Sobald dann die Sonne wieder warm schien, ging es heraus und setzte sich vor den Baum, und seine langen Haare bedeckten es von allen Seiten wie ein Mantel. So saß es ein Jahr nach dem andern und fühlte den Jammer und das Elend der Welt.

Einmal, als die Bäume wieder in frischem Grün standen, jagte der König des Landes in dem Wald und verfolgte ein Reh, und weil es in das Gebüsch geflohen war, das den Waldplatz einschloss, stieg er vom Pferd, riss das Gestrüppe auseinander und hieb sich mit seinem Schwert einen Weg. Als er endlich hindurchgedrungen war, sah er unter dem Baum eine wunderschöne junge Frau sitzen, Goldenes Haar bedeckte sie bis zu ihren Zehen.

Er stand still und betrachtete sie voll Erstaunen, dann redete er sie an und sprach: „Wer bist du? Warum sitzt du hier in der Einöde?"

Sie gab aber keine Antwort, denn sie konnte ihren Mund nicht aufmachen.

Der König sprach weiter: „Willst du mit mir auf mein Schloss gehen?"

Da nickte sie nur ein wenig. Der König nahm sie auf seinen Arm, trug sie auf sein Pferd und ritt mit ihr heim. Als er auf das königliche

Schloss kam, ließ er ihr schöne Kleider anziehen und gab ihr alles im Überfluss. Und ob sie gleich nicht sprechen konnte, so war sie doch schön und holdselig, dass er sie von Herzen lieb gewann, und es dauerte nicht lange, da vermählte er sich mit ihr.

Als etwa ein Jahr verflossen war, brachte die Königin einen Sohn zur Welt. In der darauffolgenden Nacht, als sie allein in ihrem Bette lag, erschien ihr die Jungfrau Maria und sprach: „Willst du die Wahrheit sagen und gestehen, dass du die verbotene Tür aufgeschlossen hast, so will ich deinen Mund öffnen und dir die Sprache wiedergeben: Verharrst du aber in der Sünde und leugnest hartnäckig, so nehm ich dein neugebornes Kind mit mir."

Da war der Königin verliehen zu antworten, sie blieb aber verstockt und sprach: „Nein, ich habe die verbotene Tür nicht aufgemacht", und die Jungfrau Maria nahm ihr das neugeborene Kind aus den Armen und verschwand damit.

Am andern Morgen, als das Kind nicht zu finden war, ging ein Gemurmel unter den Leuten, die Königin wäre eine Menschenfresserin und hätte ihr eigenes Kind umgebracht. Sie hörte alles und konnte nichts dagegen sagen, der König aber wollte es nicht glauben, weil er sie so lieb hatte.

Nach einem Jahr gebar die Königin wieder einen Sohn. In der Nacht trat wieder die Jungfrau Maria zu ihr herein und sprach: „Willst du gestehen, dass du die verbotene Türe geöffnet hast, so will ich dir dein Kind wiedergeben und deine Zunge lösen: Verharrst du aber in der Sünde und leugnest, so nehme ich auch dieses Neugeborene mit mir."

Da sprach die Königin wiederum: „Nein, ich habe die verbotene Tür nicht geöffnet", und die Jungfrau nahm ihr das Kind aus den Armen weg und mit sich in den Himmel.

Am Morgen, als das Kind abermals verschwunden war, sagten die Leute ganz laut, die Königin hätte es verschlungen, und des Königs Räte verlangten, dass sie hingerichtet werden sollte. Der König aber hatte sie so lieb, dass er

es nicht glauben wollte, und befahl den Räten bei Leibes- und Lebensstrafe, nicht mehr darüber zu sprechen.

Im nächsten Jahr gebar die Königin ein schönes Töchterlein, da erschien ihr zum dritten Mal nachts die Jungfrau Maria und sprach: „Folge mir."

Sie nahm sie bei der Hand und führte sie in den Himmel. Da zeigte sie ihr ihre beiden ältesten Kinder, die lachten sie an und spielten mit der Weltkugel. Als sich die Königin darüber freute, sprach die Jungfrau Maria: „Ist dein Herz noch nicht erweicht? Wenn du eingestehst, dass du die verbotene Tür geöffnet hast, so will ich dir deine beiden Söhnlein zurückgeben."

Aber die Königin antwortete zum dritten Mal: „Nein, ich habe die verbotene Tür nicht geöffnet." Da ließ sie die Jungfrau wieder zur Erde hinabsinken und nahm ihr auch das dritte Kind.

Am andern Morgen, als es bekannt wurde, riefen alle Leute laut: „Die Königin ist eine Menschenfresserin, sie muss verurteilt werden," und der König konnte seine Räte nicht mehr zurückweisen.

Es ward ein Gericht über sie gehalten, und weil sie nicht antworten und sich nicht verteidigen konnte, wurde sie verurteilt, auf dem Scheiterhaufen zu sterben. Das Holz wurde zusammengetragen, und als sie an einen Pfahl festgebunden war und das Feuer ringsumher zu brennen anfing, da schmolz das harte Eis des Stolzes und ihr Herz ward von Reue bewegt, und sie dachte: ‚Könnt ich nur noch vor meinem Tode gestehen, dass ich die Tür geöffnet habe,' da kam ihr die Stimme, dass sie laut ausrief: „Ja, Maria, ich habe es getan!"

Und alsbald fing der Himmel an zu regnen und löschte die Feuerflammen, und über ihr brach ein Licht hervor, und die Jungfrau Maria kam herab und hatte die beiden Söhnlein zu ihren Seiten und das neugeborene Töchterlein auf dem Arm. Sie sprach freundlich zu ihr: „Wer seine Sünde bereut und eingesteht, dem ist sie vergeben", und reichte ihr die drei Kinder, löste ihr die Zunge und gab ihr Glück für das ganze Leben.

OSCAR WILDE

Der glückliche Prinz

Hoch über der Stadt stand auf einer schlanken Säule die Statue des glücklichen Prinzen. Er war über und über mit dünnen Blättern feinen Goldes vergoldet, er hatte zwei schimmernde Saphire als Augen, und an seinem Schwertknauf glühte ein großer roter Rubin.

Alle Welt bewunderte ihn sehr. „Er ist so schön wie ein Wetterhahn", meinte ein Ratsherr, der den Ruf eines Kunstkenners erlangen wollte. „Nur nicht ganz so nützlich", setzte er hinzu, denn er fürchtete, die Leute könnten ihn für unpraktisch halten, und das war er keineswegs.

„Warum kannst du nicht sein wie der glückliche Prinz?", fragte eine empfindsame Mutter ihren kleinen Jungen, der weinend nach dem Mond verlangte. „Dem glücklichen Prinzen fällt's nun und nimmer ein, nach irgend etwas zu weinen."

„Ich bin froh, dass es in dieser Welt doch Einen gibt, der vollkommen glücklich ist", flüsterte ein Enttäuschter vor sich hin, als er zu dem wundervollen Standbild emporschaute.

„Er sieht ganz wie ein Engel aus", sagten die Waisenkinder, wenn sie in ihren hellen scharlachroten Mänteln und den sauberen weißen Schürzchen aus der Kathedrale kamen.

„Woher wollt ihr das wissen?", fragte der Rechenlehrer. „Ihr habt ja nie einen gesehen."

„O doch! In unseren Träumen", antworteten die Kinder; und der Rechenlehrer runzelte die Stirn und machte ein sehr strenges Gesicht, denn er konnte es gar nicht leiden, dass Kinder träumten.

Eines Nachts nun flog eine kleine Schwalbe über die Stadt, ein Schwalbenjüngling. Seine Gefährten waren schon vor sechs Wochen nach Ägypten gezogen, er aber hatte gesäumt, denn er war in das hübscheste aller Schilfrohre verliebt. Er hatte seine Schöne im jungen Frühling kennengelernt, als er hinter einem dicken gelben Falter her den Fluss entlangflog, und war von ihrer zarten Taille so betört gewesen, dass er in seinem Fluge eingehalten hatte, um mit ihr zu plaudern.

„Soll ich dich lieben?", fragte der Schwalbenjüngling, der gern ohne viel Umschweife zur Sache kam, und die Schöne neigte sich tief vor ihm. Da flog und kreiste er um sie her und streifte das Wasser leicht mit seinen Flügeln, dass es sich silbern kräuselte. Auf solche Art warb er, und es ging so den ganzen Sommer lang.

„Das ist eine lächerliche Liebschaft", zwitscherten die anderen Schwalben, „sie hat kein Geld und viel zu viele Verwandte" – und in der Tat war der Fluss ganz voller Röhricht. Dann, als der Herbst kam, flogen die Schwalben alle davon.

Da sie nun fort waren, fühlte der kleine Vogel sich einsam und fing an, seiner Dame überdrüssig zu werden. „Man kann sich gar nicht mit ihr unterhalten“, sagte er, „und mir scheint fast, sie ist kokett, denn allzeit flirtet sie mit dem Wind.“ Und wirklich, wann immer der Wind wehte, grüßte sie ihn mit den anmutvollsten Verneigungen. „Ich gebe zu, sie ist häuslich“, fuhr der Vogel fort, „aber ich liebe das Reisen, und folglich sollte meine Frau es auch lieben.“

„Willst du mit mir kommen?“, fragte er sie schließlich.

Aber sie schüttelte nur den Kopf, sie wurzelte allzu fest in ihrem Heim.

„Du hast dein Spiel mit mir getrieben!“, schrie er. „Ich mache mich davon nach den Pyramiden. Leb wohl!“ Und er flog von dannen.

Den ganzen Tag flog er, und im Abenddämmern kam er in der Stadt an.

„Wo soll ich absteigen?“, sagte er zu sich. „Hoffentlich haben sie hier ihre Zurüstungen getroffen.“

Dann sah er das Standbild auf der hohen Säule.

„Dort will ich absteigen“, rief er, „die Lage ist schön, und frische Luft gibt's da oben genug.“ Damit ließ er sich just zwischen den Füßen des glücklichen Prinzen nieder.

„Ich habe ein goldenes Schlafzimmer“, sagte der kleine Vogel träumerisch zu sich selber, als er um sich blickte, und machte sich zum Schlafengehen bereit; aber da er eben den Kopf unter den Flügel stecken wollte, fiel ein großer Tropfen Wasser auf ihn herab.

„Wie sonderbar!“, rief er, „nicht ein einziges Wölkchen steht am Himmel, die Sterne scheinen klar und hell, und dabei regnet es. Das Klima im nördlichen Europa ist wirklich schauderhaft.

Das Schilfrohr schwärmte zwar für Regen, aber das war nichts als Egoismus.“

Da fiel ein zweiter Tropfen.

„Wozu nützt ein Standbild, wenn es nicht einmal den Regen abhalten kann?“, sagte er, „ich muss mich nach einem soliden Schornsteinaufsatz umsehen“, und er beschloss weiterzufliegen.

Doch ehe er seine Flügel ausgebreitet hatte, fiel ein dritter Tropfen, und er blickte auf und sah ... Ah, was sah er? Die Augen des glücklichen Prinzen waren voll Tränen, und Tränen strömten ihm über die goldenen Wangen. Sein Antlitz war so schön im Mondlicht, dass Mitleid die kleine Schwalbe erfüllte.

„Wer bist du?“, fragte sie.

„Ich bin der glückliche Prinz.“

„Warum weinst du dann?“, fragte die Schwalbe, „ich bin davon ganz nass geworden.“

„Als ich lebte und ein Menschenherz besaß“, erwiderte das Standbild, „wusste ich nicht, was Tränen sind, denn ich lebte im Schloss Sorgenlos, das kein Leid betreten darf. Am Tage spielte ich mit meinen Gespielen im Garten, und des Abends führte ich den Tanz im großen Saale an. Rings um den Garten lief eine sehr hohe Mauer; aber nie kam mir die Frage, was dahinter sein möge, denn alles um mich war so schön. Die Herren vom Hofe nannten mich den glücklichen Prinzen, glücklich war ich fürwahr, sofern Freude Glück bedeutet. So lebte ich, so starb ich. Und nun, da ich tot bin, haben sie mich in solche Höhe hier heraufgestellt, dass ich alles sehen kann, was hässlich, alles, was jammervoll ist in meiner Stadt, und wenn ich auch ein bleiernes Herz habe – wie sollte ich nicht weinen?“

„Was, er ist nicht aus massivem Gold?“, fragte sich die Schwalbe im stillen. Sie war zu höflich, um irgendwelche anzüglichen Bemerkungen laut auszusprechen.

„Weit entfernt von hier“, fuhr das Standbild mit leiser, melodischer Stimme fort, „weit entfernt von hier in einer kleinen Gasse steht ein ärmliches

Haus. Eins der Fenster ist offen, und durch dieses Fenster kann ich eine Frau an einem Tische sitzen sehen. Ihr Gesicht ist mager und verhärmt, rau und rot sind ihre Hände und ganz von der Nadel zerstochen, denn sie ist eine Näherin. Sie stickt Passionsblumen auf ein Atlaskleid, das die reizendste unter den Ehrendamen der Königin beim nächsten Hofball tragen will. In einer Ecke der Kammer liegt ihr kleiner Junge krank im Bett. Er fiebert und möchte so gerne Orangen. Seine Mutter aber kann ihm nichts geben außer Wasser aus dem Fluss, und deshalb weint er. Schwalbe, Schwalbe, kleine Schwalbe, willst du ihr nicht den Rubin aus meinem Schwertknauf bringen? Meine Füße sind an dies Postament gefesselt, und ich kann nicht hinab."

„Ich werde in Ägypten erwartet", sagte die Schwalbe. „Meine Freunde fliegen den Nil auf und nieder und plaudern mit den prangenden Lotosblumen. Bald werden sie im Grabmal des großen Königs schlafen gehen. Der König selbst liegt dort unten in seinem buntbemalten Sarge. Er ist in ein gelbes Leintuch gewickelt und mit Wohlgerüchen einbalsamiert. Um seinen Nacken schlingt sich eine Kette von blassgrüner Jade, und seine Hände sind wie welkes Laub."

„Schwalbe, Schwalbe, kleine Schwalbe“, sagte der Prinz, „willst du nicht eine Nacht lang bei mir bleiben und mein Bote sein? Der Knabe verhungert, und der Mutter ist so bang.“

„Ich kann Jungen eigentlich gar nicht leiden“, entgegnete die Schwalbe. „An dem Flusse, wo ich vorigen Sommer wohnte, waren zwei ungezogene Jungen, die Müllerssöhne; die warfen immerfort mit Steinen nach mir. Sie haben mich natürlich nie getroffen, wir Schwalben fliegen dafür viel zu gut, und überdies stamme ich aus einer Familie, die wegen ihrer Hurtigkeit berühmt ist; es war aber doch ein Zeichen von Nichtachtung.“

Aber der glückliche Prinz sah so traurig aus, dass es die kleine Schwalbe jammerte. „Es ist sehr kalt hier“, sagte sie, „doch ich will eine Nacht lang bei dir bleiben und dein Bote sein.“

„Danke, kleine Schwalbe“, sagte der Prinz.

Also pickte die Schwalbe den großen Rubin aus des Prinzen Schwert, und den Edelstein im Schnabel, flog sie davon, über die Dächer der Stadt.

Sie kam am Turm der Kathedrale vorüber, von dem die weißen Marmorengel niederschauten. Sie kam am Schloss vorüber und hörte den Lärm des Balles. Ein schönes Mädchen trat mit seinem Anbeter auf den Altan hinaus. „Wie wunderreich die Sterne sind“, sagte er zu ihr, „und wie wunderreich ist die Macht der Liebe!“

„Hoffentlich wird mein Kleid rechtzeitig für den Hofball fertig“, antwortete sie. „Ich habe Auftrag gegeben, dass Passionsblumen daraufgestickt werden; aber die Näherinnen sind so faul.“

Die Schwalbe flog über den Fluss und sah die Laternen an den Masten der Schiffe hängen. Sie flog über das Getto und sah die alten Juden miteinander handeln und Geld auf kupfernen Waagschalen wägen. Endlich kam sie zu dem armen Häuschen und blickte hinein. Der Knabe warf sich fieberheiß im

Bette hin und her, und die Mutter war eingeschlafen, sie war so müde. Durchs Fenster hinein hüpfte die Schwalbe und legte den großen Rubin auf den Tisch, neben den Fingerhut der Schlafenden. Dann umflog sie mit weichen Flügelschlägen das Bett, und ihre Schwingen fächelten des Knaben Stirn.

„Wie kühl mir ist", sagte der Knabe, „ich glaube, nun werde ich gesund." Und er sank in einen erquickenden Schlummer.

Darauf flog die Schwalbe zurück zu dem glücklichen Prinzen und erzählte ihm, was sie getan hatte. „Es ist sonderbar", bemerkte sie, „aber mich friert jetzt gar nicht mehr, obwohl es so kalt ist."

„Das kommt, weil du eine gute Tat getan hast", sagte der Prinz. Und die kleine Schwalbe begann darüber nachzudenken, und dann schlief sie ein. Denken machte sie immer schläfrig.

Als es tagte, flog sie hinab zum Fluss und nahm ein Bad.

„Welch bemerkenswertes Phänomen!", sagte der Professor der Ornithologie, der eben über die Brücke ging. „Eine Schwalbe im Winter!" Und er schrieb über diesen Gegenstand einen langen Artikel für die Lokalzeitung. Jedermann zitierte ihn, er war voll so vieler Wörter, die niemand verstand.

„Heute Abend reise ich nach Ägypten", sagte der kleine Vogel, und er fühlte sich ganz angeregt von dieser Aussicht. Er besuchte alle Denkmäler und bedeutenden Bauten der Stadt und saß lange auf der Kirchturmspitze. Wo er auch hinkam, überall riefen die Spatzen zwitschernd einander zu: „Was für ein vornehmer Fremder!" So unterhielt sich die Schwalbe ganz ausgezeichnet.

Als der Mond aufging, flog sie zurück zu dem glücklichen Prinzen. „Soll ich in Ägypten etwas für dich ausrichten?", rief sie. „Ich breche jetzt auf."

„Schwalbe, Schwalbe, kleine Schwalbe", sagte der Prinz, „willst du nicht diese eine Nacht noch bei mir bleiben?"

„Ich werde in Ägypten erwartet“, antwortete die Schwalbe. „Morgen fliegen meine Freunde hinauf zum zweiten Katarakt. Das Nilpferd ruht dort zwischen den Binsen, und auf einem großen granitenen Throne sitzt der Gott Memnon. Die ganze Nacht hindurch schaut er nach den Sternen, und wenn das Morgengestirn aufgeht, stößt er einen einzigen tönenden Jubelschrei aus und schweigt dann wieder still. Zu Mittag kommen die gelben Löwen herab zum Ufersaum, um zu trinken. Sie haben Augen gleich grünen Beryllen, und ihr Gebrüll ist mächtiger als das Brüllen des Katarakts.“

„Schwalbe, Schwalbe, kleine Schwalbe“, sagte der Prinz, „weit entfernt von hier, am Ende der Stadt, sehe ich einen jungen Mann in einer Dachkammer. Er beugt sich über ein Schreibpult, das mit Papieren bedeckt ist, und ein Bund verdorrter Veilchen steht neben ihm in einem Wasserglas. Sein Haar ist braun und gelockt, und er hat große verträumte Augen, und seine Lippen sind wie ein Granatapfel rot. Er müht sich, ein Stück für den Theaterdirektor zu vollenden, aber er friert so sehr, dass er nicht weiterschreiben kann. Kein Feuer brennt in seinem Kamin, und der Hunger hat ihn entkräftet.“

„Ich will diese eine Nacht noch bei dir bleiben“, sagte die Schwalbe, die wirklich ein gutes Herz hatte. „Soll ich ihm auch einen Rubin bringen?“

„Ach nein, ich habe keinen Rubin mehr“, sagte der Prinz, „meine Augen sind alles, was mir geblieben ist. Sie sind aus köstlichen Saphiren gemacht, die man vor tausend Jahren aus Indien hergebracht hat. Reiß eines von ihnen aus und trag es zu ihm hin. Er wird den Edelstein zum Goldschmied bringen und Nahrung und Feuerholz kaufen und sein Stück vollenden.“

„Lieber Prinz“, sagte die Schwalbe, „das kann ich nicht.“ Und sie begann zu weinen.

„Schwalbe, Schwalbe, kleine Schwalbe“, sagte der Prinz, „tu, wie ich dich heiße.“

Also riss die Schwalbe dem Prinzen ein Auge aus und flog fort zur Dachkammer des Studenten. Es war leicht genug, hineinzugelangen, denn das Dach hatte ein Loch. Da hindurch schoss sie und kam in die Kammer. Der junge Mann hatte den Kopf in den Händen vergraben; so hörte er das Flattern der Vogelschwingen nicht, und als er aufsah, fand er den schönen Saphir, der auf den verdorrten Veilchen lag.

„Man beginnt mich anzuerkennen", rief er, „dies hier kommt gewiss von einem großen Bewunderer. Nun kann ich mein Stück vollenden", und er sah ganz glücklich aus.

Am nächsten Tage flog die Schwalbe hinunter zum Hafen. Sie saß auf dem Mast eines gewaltigen Schiffes und sah zu, wie die Matrosen schwere Kisten an Tauen aus dem Schiffsleib hochwanden.

„Hievt, a-hoi! a-hoi!", schrien sie bei jeder Kiste, die sie aufhievten.

„Ich reise nach Ägypten!", rief die Schwalbe; aber niemand beachtete sie, und als der Mond aufging, flog sie zurück zu dem glücklichen Prinzen.

„Ich bin gekommen, dir Lebewohl zu sagen", rief sie.

„Schwalbe, Schwalbe, kleine Schwalbe", sagte der Prinz, „willst du nicht diese eine Nacht noch bei mir bleiben?"

„Es ist Winter", antwortete die Schwalbe, „und der eisige Schnee wird bald da sein. In Ägypten scheint die Sonne warm auf die grünen Palmenbäume, und die Krokodile liegen im Schlamm und blicken träge um sich. Meine Gefährten bauen ein Nest im Tempel von Baalbek, und die weiß- und rosenfarbenen Tauben sehen ihnen zu, und eine gurrt der andern Zärtlichkeiten. Lieber Prinz, ich muss Abschied nehmen, aber ich will dich nie vergessen, und im nächsten Frühling bringe ich dir zwei schöne Edelsteine statt derer, die du weggegeben hast.

Der Rubin soll röter sein als eine rote Rose, und der Saphir so blau wie die weite See."

„Auf dem Platze unten“, sagte der glückliche Prinz, „steht ein kleines Mädchen und verkauft Streichhölzer. Sie hat ihre Hölzchen in die Gosse fallen lassen, und sie sind ganz verdorben.

Ihr Vater wird sie schlagen, wenn sie kein Geld nach Hause bringt, und darum weint sie. Sie hat weder Strümpfe noch Schuhe, und ihr Köpfchen ist bloß. Reiß mein anderes Auge aus und gib es ihr, und ihr Vater wird sie nicht schlagen.“

„Ich will diese eine Nacht noch bei dir bleiben", sagte die Schwalbe, „aber ich kann dir das Auge nicht ausreißen. Du wärest dann ja ganz blind."

„Schwalbe, Schwalbe, kleine Schwalbe", sagte der Prinz, „tu, wie ich dich heiße."

Da riss sie des Prinzen anderes Auge aus und stieß damit hinab auf den Platz. Sie schwirrte an dem Streichholzmädchen vorbei und ließ das Juwel in ihre Hand gleiten. „Was für ein hübsches Stückchen Glas!", rief die Kleine; und lachend lief sie heim.

Dann kam die Schwalbe zurück zu dem Prinzen. „Du bist nun blind", sagte sie, „so will ich immerdar bei dir bleiben."

„Nein, kleine Schwalbe", sagte der arme Prinz, „du musst nach Ägypten reisen."

„Ich will immerdar bei dir bleiben", sagte die Schwalbe, und zu Füßen des Prinzen schlief sie ein.

Den ganzen folgenden Tag saß sie auf des Prinzen Schulter und erzählte ihm von allerlei Seltsamem, das sie in fremden Landen gesehen hatte. Sie erzählte ihm von den roten Ibissen, die in langen Reihen an den Ufern des Niles stehen und mit ihren Schnäbeln Goldfische fangen; von der Sphinx, die so alt ist wie die Welt und in der Wüste lebt und jedes Ding weiß; von den Kaufleuten, die gemessenen Schrittes zur Seite ihrer Kamele gehen und Rosenkränze aus Bernstein in den Händen tragen; von dem König der Mondberge, der schwarz ist wie Ebenholz und einen riesigen Kristall anbetet; von der großen grünen Schlange, die in einem Palmbaum schläft und zwanzig Priester um sich hat, ihr zu dienen und sie mit Honigkuchen zu füttern; und von den Pygmäen, die über einen großen See auf flachen breiten Blättern segeln und allzeit im Krieg liegen mit den Schmetterlingen.

„Liebe kleine Schwalbe", sagte der Prinz, „du erzählst mir von wundersamen Dingen, aber wundersamer als alles in der Welt ist das Menschenleid.

Kein Wunder ist so tief wie die Wunden des Elends. Flieg über meine Stadt, kleine Schwalbe, und erzähl mir, was du dort siehst.“

So flog die kleine Schwalbe über die große Stadt und sah, wie sich's die Reichen in ihren schönen Häusern wohl sein ließen, indes die Bettler draußen an den Toren saßen. Sie flog in dunkle Gassen und sah die weißen Gesichter hungernder Kinder, die unfroh auf die düsteren Straßen blickten. Unter einem Brückenbogen lagen zwei kleine Jungen, einer in des andern Arm geschmiegt, um sich zu wärmen.

„Wir haben solchen Hunger!“, sagten sie.

„Ihr dürft hier nicht liegen!“, brüllte der Wächter, und sie gingen hinaus in den Regen.

Da flog die Schwalbe zurück und erzählte dem Prinzen, was sie gesehen hatte.

„Ich bin mit feinem Golde bedeckt“, sagte der Prinz, „das sollst du abheben, Blatt um Blatt, und meinen Armen geben; die Lebenden meinen, dass Gold sie glücklich machen könne.“

Blatt für Blatt des feinen Goldes pickte die Schwalbe ab, bis der glückliche Prinz ganz stumpf und grau aussah. Blatt für Blatt des feinen Goldes brachte sie den Armen, und die Wangen der Kinder erblühten, und sie lachten und spielten ihre Spiele auf den Straßen. „Nun haben wir Brot!“, riefen sie.

Dann kam der Schnee, und nach dem Schnee kam der Frost. Die Straßen sahen aus, als wären sie aus Silber geschmiedet, so hell glitzerten sie; lange Eiszapfen, kristallenen Dolchen gleich, hingen von den Dächern der Häuser, alle Welt ging in Pelzen einher, und die kleinen Jungen trugen rote Wollkappen und liefen Schlittschuh auf dem Eise.

Die arme kleine Schwalbe fror und fror immer ärger, aber sie wollte den Prinzen nicht verlassen, dazu hatte sie ihn zu lieb. Sie pickte Krumen vor der

Tür des Bäckers auf, wenn der Bäcker nicht hinsah, und suchte sich zu wärmen, indem sie mit den Flügeln schlug.

Endlich aber erkannte sie, dass sie sterben müsse. Sie hatte gerade noch Kraft genug, sich noch einmal auf des Prinzen Schulter zu schwingen.

„Leb wohl, lieber Prinz!", sagte sie leise. „Darf ich deine Hand küssen?"

„Ich freue mich, dass du endlich nach Ägypten reist, kleine Schwalbe", sagte der Prinz, „du bist schon viel zu lange hiergeblieben; aber du musst mich auf die Lippen küssen, denn ich liebe dich."

„Nicht nach Ägypten reise ich", sagte die Schwalbe, „ich reise zum Haus des Todes. Der Tod ist der Bruder des Schlafes, ist's nicht so?"

Und sie küsste den glücklichen Prinzen auf die Lippen und fiel tot zu seinen Füßen nieder.

In diesem Augenblick tönte aus dem Innern des Standbildes ein seltsames Knacken, als ob etwas zerbrochen wäre. Und wirklich, das bleierne Herz war mitten entzweigesprungen. Es war ja auch eine grimmig kalte Nacht.

Früh am nächsten Morgen ging der Bürgermeister mit den Ratsherren unten über den Platz. Als sie an der Säule vorbeikamen, blickte er hinauf zu dem Standbild.

„Ach, du liebe Zeit! Wie armselig der glückliche Prinz aussieht!“, sagte er.

„Gewiss, wie armselig!“, riefen die Ratsherren, die stets einer Meinung mit dem Bürgermeister waren; und sie stiegen hinauf, um den Schaden von der Nähe zu besehen.

„Der Rubin ist aus seinem Schwert gefallen, die Augen sind weg, und er ist gar nicht mehr golden“, sagte der Bürgermeister. „Er sieht buchstäblich kaum besser aus als ein Bettler.“

„Kaum besser als ein Bettler“, sagten die Ratsherren.

„Und hier liegt wahrhaftig ein toter Vogel vor seinen Füßen!“, fuhr der Bürgermeister fort. „Wir müssen tatsächlich eine Verordnung erlassen, dass es Vögeln verboten ist, hier zu sterben.“

Und der Stadtschreiber notierte sich diesen Hinweis. Also wurde das Standbild des glücklichen Prinzen herabgeholt.

„Da er nicht mehr schön ist, ist er nicht mehr nützlich“, sagte der Kunstprofessor der Universität.

Darauf schmolzen sie das Standbild in einem Schmelzofen, und der Bürgermeister hielt eine Sitzung mit dem Stadtrat ab, um zu entscheiden, was mit dem Metall geschehen solle.

„Wir müssen selbstverständlich ein neues Standbild haben“, sagte er, „und das soll mein eigenes Standbild sein.“

„Mein eigenes“, sagte jeder der Ratsherren, und sie zankten sich und stritten. Als ich zuletzt von ihnen hörte, stritten sie sich noch immer.

„Ist das aber merkwürdig!“, sagte der Werkmeister in der Schmelzhütte. „Dieses zerbrochene Herz will im Ofen nicht schmelzen. Wir müssen es wegwerfen.“ So warfen sie es auf einen Kehrichthaufen, auf dem auch die tote Schwalbe lag.

„Bring mir die beiden kostbarsten Dinge dieser Stadt“, sagte Gott zu einem seiner Engel; und der Engel brachte ihm das bleierne Herz und den toten Vogel.

„Du hast recht gewählt", sagte Gott, „denn in meinem Paradiesgarten soll der kleine Vogel auf ewig singen, und in meiner goldenen Stadt soll der glückliche Prinz mich lobpreisen."

FRANZ VON POCCI

Weihnachtsmärchen

In einem Häuschen am Eingang eines Waldes lebte ein armer Tagelöhner, der sich mit Holzhauen mühsam sein Brot verdiente. Er hatte eine Frau und zwei Kinder, einen Jungen und ein Mädchen. Der Junge hieß Valentin und das Mädchen Marie. Zu Freude ihrer Eltern waren sie brav und fromm und halfen ihnen fleißig bei der Arbeit.

Als die guten Leute eines Winterabends, da es draußen schneite und wehte, zusammen saßen, da pochte es leise an das Fenster und ein feines Stimmchen rief draußen:

„O lasst mich ein in euer Haus! Ich bin ein armes Kind und habe nichts zu essen und kein Obdach und meine, vor Hunger und Frost umzukommen. O lasst mich ein!“

Da sprangen Valentin und Mariechen vom Tisch auf, öffneten die Türe und sagten: „Komm herein, armes Kind, wir haben selber nicht viel, aber doch immer mehr als du und was wir haben, das wollen wir gern mit dir teilen."

Das fremde Kind trat ein und erwärmte sich am Ofen die erstarrten Glieder und die Kinder gaben ihm zu essen, was sie hatten, und sagten: „Du wirst wohl müde sein. Komm, leg dich in unser Bettchen, wir wollen auf der Bank schlafen."

Da sagte das fremde Kind: „Dank es euch mein Vater im Himmel."

Sie führten den kleinen Gast in ihr Zimmer, legten ihn zu Bett, deckten ihn zu und dachten sich: ‚O wie gut haben wir es doch! Wir haben unsere warme Stube und unser Bettchen, das arme Kind aber hat gar nichts als den Himmel zum Dach und die Erde zum Lager.'

Als nun die Eltern zur Ruhe gingen, legten sich Valentin und Marie auf die Bank beim Ofen und sagten zueinander. „Das fremde Kind wird sich nun freuen, dass es warm liegt. Gute Nacht!"

Die Kinder aber hatten kaum einige Stunden geschlafen, da erwachte die kleine Marie und weckte leise ihren Bruder und sagte: „Valentin, wach auf, wach auf! Hör doch die schöne Musik vor unserem Fenster!"

Da rieb sich Valentin die Augen und lauschte. Es war ein wunderbares Klingen und Singen, das sich vor dem Hause vernehmen ließ. Und ganz deutlich hörten sie die Worte:

Oh heil'ges Kind wir grüßen dich
mit Harfenklang und Lobgesang.
Du liegst in Ruh, du heilig Kind;
wir halten Wacht in dunkler Nacht.
O Heil dem Haus, in das du kehrst!
Es wird beglückt und hoch entzückt!

Als die Kinder das hörten, befiel sie eine freudige Angst; sie traten ans Fenster um zu schauen, was draußen geschähe. Da sahen sie im Osten das Morgenrot glühen und vor dem Haus viele Kinder stehen, die goldene Harfen in den Händen hatten und silberne Kleider trugen. Erstaunt und verwundert von dieser Erscheinung starrten sie zum Fenster hinaus. Da berührte sie ein leiser Schlag und als sie sich umwandten, sahen sie das fremde Kind vor sich stehen. Das hatte ein Kleid an von funkelndem Gold und auf dem Kopf eine Krone und sprach zu ihnen:

„Ich bin das Christkindlein, das in der Welt umherwandelt, um frommen Kindern Glück und Freude zu bringen. Ihr habt mich beherbergt diese Nacht, indem ihr mich für ein armes Kind hieltet und ihr sollt nun meinen Segen haben."

Da ging es mit den Kindern hinaus, brach ein Reislein von einem Tannenbaum, der am Haus stand, pflanzte es in den Boden und sprach: „Das Reislein soll zum Baume werden und soll euch alljährlich Früchte bringen."

Und alsbald verschwand es mit den Engeln. Das Tannenreis aber schoss empor und ward zum Weihnachtsbaum; der aber war behangen mit goldenen Äpfeln und Silbernüssen und blühte alle Jahre einmal.

HANS CHRISTIAN ANDERSEN

Der letzte Traum der alten Eiche

Im Walde hoch an dem steilen Ufer, hart an der offenen Meeresküste, stand eine recht alte Eiche. Sie war dreihundertfünfundsechzig Jahre alt, allein die lange Zeit war dem Baume nicht mehr, als ebenso viele Tage uns Menschen sind. Wir wachen am Tage, schlafen in der Nacht, und haben dann unsere Träume; mit dem Baume ist es anders, er durchwacht die drei Jahreszeiten, erst gegen Winter kommt sein Schlaf. Der Winter ist seine Ruhezeit, ist seine Nacht nach dem langen Tage, welcher Frühjahr, Sommer und Herbst heißt.

An manchem warmen Sommertage hatte die Eintagsfliege rings um seine Krone getanzt, gelebt, geschwebt und sich glücklich gefühlt, und ruhte dann aus einen Augenblick in stiller Glückseligkeit, das kleine Geschöpf, auf

einem der großen frischen Eichenblätter; dann sagte der Baum stets: „Arme Kleine! Nur ein einziger Tag ist dein ganzes Leben! Wie so gar kurz! Es ist doch traurig!“

„Traurig? Was meinst du damit?“, fragte dann stets die Eintagsfliege. „Um mich her ist's ja wunderbar hell, warm und schön, das macht mich froh!“

„Aber nur einen Tag, – dann ist alles aus!“

„Aus!“, wiederholte die Eintagsfliege. „Was heißt aus? Bist du auch aus?“

„Nein, ich lebe vielleicht tausende von deinen Tagen und mein Tag sind ganze Jahreszeiten! Das ist etwas so Langes, dass du es gar nicht ausrechnen kannst!“

„Nein, denn ich verstehe dich nicht! Du hast tausende von meinen Tagen, aber ich habe tausende von Augenblicken, in denen ich fröhlich und glücklich sein kann! Hört denn alle Herrlichkeit dieser Welt auf, wenn du stirbst?“

„Nein“, sagte der Baum, „die währt gewiss viel länger, unendlich länger, als ich zu denken vermag.“

„Aber dann haben wir ja gleich viel, nur dass wir verschieden rechnen!“

Die Eintagsfliege tanzte und schwang sich in der Luft umher, freute sich ihrer feinen künstlichen Flügel, deren Flor und Sammet, freute sich der warmen Lüfte, die geschwängert waren mit würzigem Dufte des Kleefeldes und der wilden Rosen, des Flieders und Geisblattes, der Gartenhecke, des Wald-

meisters, der Schlüsselblumen und Krausemünze; es duftete so stark, dass die Eintagsfliege fast berauscht war. Der Tag war lang und schön, voll Freude und süßen Gefühls, und als dann die Sonne sank, fühlte die kleine Fliege sich stets recht angenehm ermüdet von jener fröhlichen Lust. Die Flügel wollten sie nicht mehr tragen, und leise und langsam glitt sie hinab auf den weichen, wogenden Grashalm, nickte mit dem Kopfe, wie sie eben nicken kann, und schlief süß und fröhlich ein, – es war der Tod.

„Arme, kleine Eintagsfliege!", sagte die Eiche, „das war doch ein gar zu kurzes Leben!"

Und an jedem Sommertage wiederholte sich derselbe Tanz, dieselbe Rede, Antwort und dasselbe Einschlafen; es wiederholte sich alles durch ganze Geschlechter von Eintagsfliegen, und alle fühlten sie sich glücklich, gleich fröhlich.

Die Eiche stand wachend da an ihrem Frühlingsmorgen, Sommermittage und Herbstabende; bald näherte sich ihre Ruhezeit, ihre Nacht. Der Winter kam heran.

Schon sangen die Stürme ihr „Gute Nacht, gute Nacht!"

Hier fiel ein Blatt, dort fiel ein Blatt.

„Wir rütteln und schütteln! Schlaf ein, schlaf ein! Wir singen dich in den Schlaf, wir schütteln dich in den Schlaf, aber es tut gut in den alten Zweigen, nicht wahr? Sie knacken dabei vor lauter Wonne! Schlaf süß, schlaf süß! Es ist deine dreihundertfünfundsechzigste Nacht; eigentlich bist du doch nur ein Guck-in-die-Welt! Schlaf süß! Die Wolke streut Schnee herab, es gibt eine Decke, schützend warm um deine Füße! Schlaf süß, und – angenehme Träume!"

Die Eiche stand da, ihres Laubes entkleidet, um zur Ruhe zu gehen den ganzen langen Winter und manchen Traum zu träumen, stets etwas Erlebtes, wie in den Träumen der Menschen.

Der große Baum war auch klein, ja eine Eichel war einst seine Wiege gewesen, nach Menschenrechnung lebte er nun im vierten Jahrhundert. Er war der größte und beste Baum im Walde, mit seiner Krone überragte er weithin alle andern Bäume und wurde fern von der See aus gesehen, diente als Wahrzeichen den Seeleuten; er hatte keine Ahnung, dass gar viele Augen ihn suchten. Hoch oben in seiner grünen Krone baute die Waldtaube ihr Nest und der Kuckuck ließ seinen Ruf von ihr herab ertönen, und im Herbste, wenn die Blätter aussahen, als seien sie gehämmerte Kupferplatten, kamen die Zugvögel und rasteten dort, bevor sie über die See dahinflogen; doch jetzt war es Winter, der Baum stand entblättert da, man sah recht, wie krumm und verbogen die Zweige vom Stamme aus gingen. Krähen und Dohlen kamen heran und nahmen dort wechselweise ihren Sitz und sprachen von den harten Zeiten, die begannen, und davon, dass es im Winter gar schwer sei, sich zu ernähren.

Es war um die heilige Weihnachtszeit, da träumte der Baum seinen schönsten Traum.

Der Baum hatte deutlich ein Gefühl von der festlichen Zeit, ihm war, als höre er die Glocken läuten ringsum von allen Kirchen, und dazu schien es ihm zugleich ein herrlicher Sommertag zu sein, mild und warm. Frisch und grün breitete er eine mächtige Krone aus, die Sonnenstrahlen spielten zwischen Blättern und Zweigen, die Luft war erfüllt mit dem Dufte von Kräutern und Blüten; bunte Schmetterlinge haschten sich; die Eintagsfliegen tanzten, als sei alles nur dazu da, damit sie tanzen könnten und sich vergnügen. Alles, was der Baum Jahre hindurch erlebt hatte und was um ihn her geschehen war, zog an ihm vorüber wie in einem festlichen Aufzug. Er schaute alter Zeiten Ritter und edle Frauen hoch zu Ross, wallende Federbüsche vom Hute herab, den Falken auf der Hand, durch den Wald reiten; das Jagdhorn erklang und die Hunde bellten. Er sah feindliche Krieger in bunten Kleidern mit blanken Waffen, mit Spieß und Hellebarde, Zelte aufschlagen und wieder abbrechen, das Wachtfeuer flammte und man sang und schlief unter dem Geäst des Baumes. Er sah Liebesleute in stillem Glücke sich an seinem Stamme im Mondscheine begegnen und ihre Namen, den ersten Buchstaben in die graugrüne Rinde hineinschneiden. Zither und Äolsharfe waren einst – ja, es lagen lange Jahre dazwischen – in den Zweigen der Eiche von reisenden fröhlichen Gesellen aufgehangen worden, jetzt hingen sie wieder dort, jetzt klangen sie wieder mit wunderbaren Tönen. Die Waldtauben gurrten, als wollten sie erzählen, was der Baum dabei empfand, und der Kuckuck rief ihm zu, wie viel Sommertage er noch zu leben habe.

Da war es, als riesele ihm eine neue Lebensströmung bis tief herab in die kleinste Wurzel und hoch hinauf bis in die am höchsten emporragenden Zweige, bis in die Blätter hinauf. Der Baum fühlte, dass er sich dabei strecke und recke, ja er empfand es mit Hilfe der Wurzel, wie auch unten in der Erde Leben und Wärme sei.

Er fühlte seine Kraft zunehmen, er wuchs höher und höher, der Stamm schoss empor, es gab kein Stillstehen, er wuchs immer mehr und mehr, die Krone wurde voller, breitete sich aus, hob sich, – und nachdem der Baum gewachsen war, steigerte sich sein Wohlsein, sein beseligendes Sehnen, immer höher zu reichen, ganz hinauf bis in die leuchtende, warme Sonne.

Schon war er hoch über die Wolken hinaufgeschossen, die gleich dunklen Schaaren von Zugvögeln oder großen, weißen Schwänen unter ihm dahinzogen.

Jedes Blatt des Baumes hatte die Gabe des Sehens, als hätte es Augen, um zu schauen; die Sterne wurden am hellen Tage sichtbar, groß und funkelnd; jeder von ihnen funkelte wie ein Augenpaar, mild und klar. Sie riefen bekannte, liebevolle Augen, Kinderaugen, Liebesleuteaugen, wenn diese sich unter dem Baume begegneten, ihm ins Gedächtniss.

Es war ein wunderseliger Augenblick, so recht voller Freude und Lust! Und doch, in dieser Freude empfand der Baum ein Verlangen, eine sehnende Lust, dass alle andern Bäume des Waldes dort unten, alles Gebüsch, alle Kräuter und Blumen sich auch mit ihm möchten erheben können, dass sie auch diesen Glanz sehen, diese Freude empfinden möchten. Die große, majestätische Eiche war in ihrer Herrlichkeit nicht ganz glücklich, ohne sie Alle, Groß und Klein, bei sich zu haben, und dieses sehnende Gefühl durchbebte alle Zweige, alle Blätter, innig und kräftig wie eine Menschenbrust.

Die Krone des Baumes wiegte sich hin und her, als suche sie in tiefem Sehnen; sie schaute zurück. Da empfand der Baum den Duft vom Waldmeister und bald noch stärkeren Duft vom Geisblatte und Veilchen; er wähnte, er höre den Kuckuck ihm antworten.

Ja, durch die Wolken blickten die grünen Gipfel des Waldes hervor, und unter sich sah die Eiche die anderen Bäume, wie sie wuchsen und sich erhoben. Büsche und Kräuter schossen hoch auf, einzelne rissen sich mit der Wurzel los und flogen noch schneller hinauf. Die Birke war am schnellsten; einem weißen Blitzstrahle gleich schoss ihr schlanker Stamm wie im Zickzack in die Höhe, die Zweige umwallten ihn als grüner Flor und Fahnen; die ganze Waldnatur, selbst das braungefiederte Rohr, wuchs mit und die Vögel folgten und sangen, und auf dem Halme, der wie ein langes, grünseidenes

Band in der Luft flatterte, saß die Heuschrecke und spielte mit dem Flügel an seinem Schienbeine; die Maikäfer brummten und die Bienen summten, jeder Vogel sang, wie ihm der Schnabel gewachsen war; alles war Sang und Klang und Freude bis in den Himmel hinein.

„Aber die kleine, blaue Blume am Wasser, wo bleibt die?“, rief die Eiche, die rote Glockenblume und das Gänseblümlein!“ – ja, die alte Eiche wollte sie alle um sich haben.

„Wir sind da! Wir sind da!“, sang und klang es.

„Aber der schöne Waldmeister vom vorigen Sommer – und im vorigen Jahre war hier doch ein Flor von Maiblümchen! – der wilde Apfelbaum, wie der so schön blühte! – und all diese Waldespracht Jahr aus Jahr ein! – lebte sie doch jetzt, wäre sie doch jetzt erst geboren, sie hätte dann doch auch dabei sein können!“

„Wir sind dabei! Wir sind da!“, sang und klang es noch höher; es war, als seien sie vorangeflogen.

„Nein, das ist gar zu schön, unglaublich schön!“, jubelte die alte Eiche. „Ich habe sie alle! Klein und Groß! Nicht einer ist vergessen! Wie ist doch all' die Glückseligkeit denkbar! Wie ist sie möglich!“

„Im Himmel des ewigen Gottes ist sie möglich und denkbar!“, klang es durch die Lüfte.

Der alte Baum, der immerfort wuchs, fühlte es, wie seine Wurzel sich von der Erde losriss.

„Das ist recht so, ist das Allerbeste!“, sagte der Baum. „Jetzt halten mich keine Bande! Ich kann jetzt hinauffliegen an das allerhöchste Licht und Glanz! Und alle Lieben sind bei mir! Kleine und Große! Alle!“

„Alle!“

Das war der Traum der alten Eiche; und während sie so träumte, brauste ein gewaltiger Sturm über Land und See dahin – am heiligen Weihnachtsfeste. Das Meer wälzte schwere Wogen gegen die Ufer; der Baum – es krachte und knackte in ihm – er wurde mit der Wurzel aus dem Boden gerissen, gerade in dem Augenblicke, wo er träumte, dass seine Wurzel sich von der Erde losriss. – Er fiel. Seine dreihundertfünfundsechzig Jahre waren jetzt wie ein Tag der Eintagsfliege.

Am Morgen des ersten Weihnachtstages, als die Sonne aufging, hatte sich der Sturm gelegt. Von allen Kirchen her tönte festliches Glockengeläute, und aus jedem Schornsteine, selbst aus dem kleinsten der geringsten Hütte, hob sich der Rauch in blauen Wolken, wie vom Altare der Rauch des Dankopfers beim Feste der Druiden. Das Meer beruhigte sich allmählich und am Bord eines großen Schiffes draußen, das während der Nacht mit dem stürmischen Wetter gekämpft und es glücklich überstanden hatte, wurden nun alle Flaggen weihnachtsfestlich, als das Zeichen der Freude aufgehisst.

„Der Baum ist dahin! Die alte Eiche, unser Wahrzeichen an der Küste!“, sprachen die Seeleute. „Er ist in dieser Sturmesnacht gefallen! Wer wird ihn ersetzen können – niemand vermag es!“

Eine solche Leichenrede, kurz, aber wohlgemeint, bekam der Baum, der auf der Schneedecke am Meeresufer hingestreckt lag; und über ihn dahin klangen die Psalmentöne vom Schiffe aus, ein Lied von der Weihnachtsfreude und von der Erlösung der Menschenseele in Christo und dem ewigen Leben:

„Sing' laut zum Himmel, Christenschaar:
Es ist erfüllt! – Sie ihn gebar,
Die Freud' ist ohne Gleichen!
Halleluja! Halleluja!“,

so ertönte das alte Psalmlied, und jedermann draußen am Bord des Schiffes fühlte sich gehoben in seiner Weise durch das Lied und das Gebet, wie der alte Baum sich gehoben fühlte in seinem letzten, schönsten Traume in der Weihnachtsnacht.

CLEMENT C. MOORE

Omas Weihnachtsgeschenke

An einem strahlenden Morgen in der Woche vor Weihnachten saß Oma Burns in der Sonne und strickte fleißig. Der Schnee lag hoch und seine harte Decke glänzte wie Silber. Plötzlich hörte Oma Burns einen leisen Seufzer der Trauer vor ihrer Tür. Als sie diese öffnete, sah sie Peter und Timmy, zwei sehr arme kleine Jungen, mit den Gesichtern in den Händen dasitzen. Sie weinten.

„Meine Güte!“, rief Oma Burns. „Was kann an so einem sonnigen Morgen mit zwei ganz braven Jungs passiert sein?“

„Es geht uns gar nicht gut“, seufzte der kleine Peter.

„Wir können nicht rutschen. Wir haben keine Schlitten“, wimmerte Timmy.

„Oje, natürlich kann es Jungs ohne Schlitten gar nicht gut gehen“, sagte Oma fröhlich. „Lasst uns schauen und sehen, ob wir da was finden können.“

Und schon hüpfte Omas Haube hinter Fässern und Kisten im Schuppen und zwischen den Spinnweben in der Dachstube umher; aber es konnte nichts Passendes gefunden werden.

„Hmm! Ich glaube wirklich, dass das hier für den kleinen Peter reichen würde", und die liebe alte Dame holte eine große Blechpfanne vom obersten Regal in der Speisekammer. Für Timmy wurde ein langes, glattes Küchenbrett gefunden. Vor Lachen schüttelte sich Omas Haube, als Oma Burns sah, wie die beiden in ihren seltsamen Schlitten über die harte Schneedecke glitten. Und die Jungen schrien und schwangen ihre Hände, als sie am Fenster vorbeiflogen.

„Ich gehe davon aus, dass sie ihre Schlitten nun die ganze Zeit nutzen werden", murmelte Oma. „Aber Jungs müssen rutschen, das ist sicher."

Die Pfanne war so glänzend wie eine neue Silbermünze und die rote Farbe war vollständig vom Küchenbrett verschwunden, als Peter und Timmy ihre Schlitten zurückbrachten.

Oma strickte den ganzen Tag schneller als je zuvor und ihr Gesicht strahlte von einem Lächeln. Sie plante etwas. Sie ging an diesem Abend zu ihrem Nachbarn. Er versprach ihr, zwei kleine Schlitten im Tausch für das Paar Socken, das sie strickte, anzufertigen.

Als die Schlitten fertig waren, färbte sie sie rot und zeichnete auf jeden ein gelbes Pferd. Oma nannte sie „Pferde“, aber niemand anderes hätte das erkennen können. Dann zog sie am Abend vor Weihnachten ihre tollen Socken über ihre Schuhe, damit sie nicht ausrutschte, zog Kapuze und Umhang an und schleppte die kleinen Schlitten zum Haus von Peter und Timmy.

Sie hängte sie an den Türriegel und ging den ganzen Weg lachend nach Hause.

LEWIS CARROLL

DEUTSCH VON HENRY-MARTIN KLEMT

Weihnachtsgrüße von einer Fee für ein Kind

Kleine Dame, wenn's den Feen
recht ist, lasst doch kurz beiseit'
Schabernack und Elfendrehen.
Es ist frohe Weihnachtszeit.

Kinder gaben uns Bescheid
– sanfte Kinder, so wie du.
An dem Tag, vor langer Zeit,
fiel uns gute Nachricht zu.

Ist es Weihnachten nun bald,
dann erinnern sie sich gern,
wie die Freudenbotschaft hallt:
Friede sei dem Menschenstern!

Wo die Herzen kindlich sind,
tritt herein die Himmelsschar,
und es bleibt für solch ein Kind
Weihnachten das ganze Jahr.

Lasst uns kurz vergessen hier,
kleine Dame, Spiel und Trick
und wenn's recht ist, wünschen wir
Frohe Weihnacht, Neujahrsglück.

Inhalt